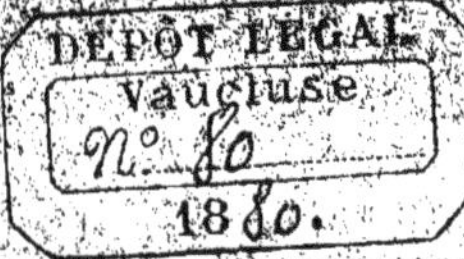

ORAISON FUNÈBRE

DE

MONSEIGNEUR LOUIS-ANNE DUBREIL

ARCHEVÊQUE D'AVIGNON

PRONONCÉE

LE 9 MARS 1880

DANS

L'ÉGLISE MÉTROPOLITAINE DE N.-D. DES DOMS

PAR

MONSEIGNEUR BESSON

ÉVÊQUE DE NIMES, UZÈS ET ALAIS

AVIGNON

AUBANEL FRÈRES, IMPRIMEURS DE N. S. P. LE PAPE
ET DE L'ARCHEVÊCHÉ.

1880

ORAISON FUNÈBRE

DE

MONSEIGNEUR LOUIS-ANNE DUBREIL

ARCHEVÊQUE D'AVIGNON

ORAISON FUNÈBRE

DE

MONSEIGNEUR LOUIS-ANNE DUBREIL

ARCHEVÊQUE D'AVIGNON

PRONONCÉE

LE 9 MARS 1880

DANS

L'ÉGLISE MÉTROPOLITAINE DE N.-D. DES DOMS

PAR

MONSEIGNEUR BESSON

ÉVÊQUE DE NIMES, UZÈS ET ALAIS

AVIGNON

AUBANEL FRÈRES, IMPRIMEURS DE N. S. P. LE PAPE

ET DE L'ARCHEVÊCHÉ.

1880

Qui bene præsunt presbyteri duplici honore digni habeantur.

Rendez un double honneur, car ils en sont dignes, aux prêtres qui gouvernent sagement.

I. TIM. V. 17.

MONSEIGNEUR [1],

Il ne faut rien moins que ce commandement si précis de la Sainte Ecriture pour m'encourager à prononcer aujourd'hui un nouvel éloge du Prélat que nous pleurons. Il y a six semaines que vous l'avez fait avec la plus touchante unanimité dans la pompe de ses obsèques. Rien n'a manqué à sa louange, ni la présence des Pontifes, ni les regrets du clergé diocésain, ni les hommages de l'administration, de l'armée et de la magistrature, ni l'émotion du peuple, ni le deuil de l'Etat, ni les récits des pauvres qui se racontaient les uns aux autres les bienfaits de leur père commun, et quand les

(1) Monseigneur de Cabrières, évêque de Montpellier.

chants de l'Eglise, la musique des camps et le bronze des batailles interrompirent un instant leur lugubre et sacré concert qui s'élevait de toute la cité, ce fut pour écouter, dans le silence de l'admiration, l'éloquente parole qu'un Pontife laissait descendre de cette chaire avec les adieux de toute la Province ecclésiastique et les larmes de notre vive et sincère amitié.

Mais puisque, au témoignage de l'Ecriture, ceux qui gouvernent sagement méritent deux fois nos louanges, cette fraternelle amitié ne se lassera point de redire ce que votre piété filiale ne veut pas se lasser d'entendre. Jugez d'ailleurs combien ce texte s'applique heureusement à notre Vénérable Métropolitain. Dieu fit deux parts dans la vie de son pontife. Durant la première, il le prépose à l'enseignement de la jeunesse, durant la seconde, à la direction d'une grande église, en sorte que son serviteur, après avoir élevé les hommes pendant près de trente années en qualité d'instituteur, mérita de les gouverner en qualité d'évêque. Instituteur ou évêque, l'élu du Seigneur fut toujours fidèle à sa mission. Il prodigua dans ce double service tout ce que l'esprit a de plus pénétrant et de plus orné, tout ce que le cœur a de plus charitable et de plus généreux. Voilà pourquoi nous venons déposer deux couronnes sur sa tombe, en répétant la louange de la Sainte Ecriture : *Qui bene præsunt presbyteri duplici honore digni habeantur.*

C'est ce que nous verrons dans la vie si mémorable de NOTRE ILLUSTRISSIME ET RÉVÉRENDISSIME PÈRE EN DIEU, MONSEIGNEUR LOUIS-ANNE DUBREIL, ARCHEVÊQUE D'AVIGNON, COMTE ROMAIN, ASSISTANT AU TRÔNE PONTIFICAL, OFFICIER DE LA LÉGION D'HONNEUR, GRAND-CROIX DE L'ORDRE D'ISABELLE, MEMBRE DU CONSEIL SUPÉRIEUR DE L'INSTRUCTION PUBLIQUE.

I

Il n'y a rien de plus commun dans la langue des temps modernes que de vanter un homme en l'appelant le fils de ses œuvres. Cet éloge n'est ni juste ni profond, et s'il plait à l'orgueil, ce n'est pas dans la chaire chrétienne qu'il faut le décerner à nos héros. L'esprit de la famille, les traditions de la province, les exemples que Dieu met sous nos yeux, les amitiés qu'il nous ménage, les chefs qu'il envoie pour nous conduire, voilà par quelles ressources et par quels secours l'enfant forme son cœur, le jeune homme son esprit, le citoyen son caractère, le prêtre sa vocation. Tous nous avons des ancêtres, ignorés ou glorieux, mais dont le sang ne saurait être renié. Tous nous avons eu des amis, des maîtres, des protecteurs qui ont imprimé en nous l'empreinte de leur âme, et dont l'ombre bienfaisante nous abrite et nous couvre jusqu'à la mort.

Ce fut le mérite de votre Archevêque d'avoir profité de tous ces secours et d'être devenu, par la fidélité et la reconnaissance, non pas le fils de ses œuvres, mais le digne fils d'une digne mère, d'une noble cité, d'un excellent diocèse, développant ainsi son intelligence et sa vertu avec tant de rapidité qu'il fut un maître et un modèle à un âge où l'on est encore le disciple et la copie d'autrui.

Toulouse fut son berceau. N'est-ce pas une grâce d'y avoir reçu le jour et les bienfaits de l'éducation? C'est la terre des héros, c'est le temple des muses, c'est l'asile sacré où reposent les reliques des Saints. Louis Dubreil y naquit au commencement du siècle comme pour assister, dans ses murs fameux, à la renaissance de la poésie, de l'éloquence, de la gloire et de la religion. Enfant, il apprit à prier dans la crypte de St-Sernin ; le Capitole appela ses premiers regards sur la salle des Illustres qui venait de se rouvrir aux jeux de Clémence Isaure ; les premiers discours qui frappèrent son oreille furent les sermons de l'abbé de Mac-Carthy ; il entendit à sept ans le canon de la bataille de Toulouse, et le vain bruit d'une victoire inutile laissa dans son âme, trop charmée peut-être, un écho, toujours sympathique et retentissant, de la grande épopée qui venait de finir pour le bonheur de la France et le repos de l'univers.

Le toit modeste où s'écoulait son enfance était comme abrité par les lauriers de l'empire. Son père était un brave, sa mère une ferme et pieuse chrétienne. Son père qui comptait autant de campagnes que d'années de service, venait, entre deux campagnes, suspendre un instant son sabre de capitaine sur le berceau de ses enfants, et il mêlait volontiers à leurs jeux le récit de ses faits d'armes. Mais quelque impression profonde qu'eut faite une telle voix dans l'âme de Louis, sa mère eut dans son éducation une part plus décisive encore. Elle l'entoura des soins les plus tendres et veilla sur lui avec une jalousie dont il est bien permis de vanter les succès. L'innocence de son fils était comme l'unique préoccupation de sa vie. Un mot, une ombre, un rien, tout lui faisait peur. Elle ne se rassurait qu'à moitié après avoir pris toutes les précautions de la surveillance la plus attentive, tremblant encore, priant toujours, de peur que la grâce du baptême ne vînt à diminuer et à s'affaiblir dans cet enfant confié à sa garde. O femme ! ô mère vraiment digne d'une si belle fortune, car de toutes les fortunes de la terre, c'est la seule qui soit quelque chose. Votre Louis est resté pur et vous avez joui de votre ouvrage. Vous l'avez vu monter à l'autel avec la grâce de son baptême, vous l'avez vu, dans tout le cours de sa vie, veiller lui-même, avec ce soin jaloux dont vous lui aviez donné l'exemple, à la conservation de son cher trésor. Evêque, il ira s'asseoir parmi les juges d'Israël avec cette beauté virginale qui se trahit, jusque dans l'âge le plus avancé, par les émotions d'une pudeur charmante et quand le devoir de la piété filiale le conduira auprès de vous, le retrouvant tendre, empressé, naïf, tel que vous l'avez vu croître et grandir à vos côtés, vous pourrez lui dire ce que Monique mourante disait à Augustin : « O mon fils, vous êtes ma joie et ma consolation. » L'Archevêque d'Avignon a eu la consolation de rendre longtemps à sa mère les devoirs de la piété filiale. Il l'a bénie à sa dernière heure, il a versé les onctions saintes sur ces mains qui n'avaient jamais fléchi dans la conduite de sa maison, il l'a ensevelie dans ses larmes et dans ses prières, il a eu jusqu'à la fin des actions de grâce pour sa mémoire. O Louis ! ô mon frère, je satisfais à vos plus tendres désirs en la louant à mon tour. Votre cœur, tout poudre qu'il est, se réveille, sous les dalles qui le couvrent, à ce nom qui lui fut si cher et semble écouter avec bonheur l'éloge de celle qu'il a connue comme son modèle accompli de foi, de piété et de dévouement.

C'est la langue de Bossuet que je viens de parler. Mais Bossuet ne fut pas étranger à cette noble et forte éducation. Louis Dubreil le lisait chaque soir sur les genoux de sa mère, et on ne quittait guère Bossuet que pour lire Racine ou Fénelon. Ainsi s'enrichissait la mémoire de l'enfant, ainsi s'élevait son esprit, ainsi se formait son cœur. Quelle école! Quels exemples à suivre! Et quelle condamnation de notre éducation moderne, avec ses livres élémentaires sans goût, sans style, sans piété, qui accoutument l'enfant à parler sans rien dire, parce qu'on redoute l'effort pour sa mémoire, la réflexion pour son esprit, et pour son cœur les grands sentiments.

Faisons une juste part dans cette éducation à l'abbé de Mac-Carthy. C'était un homme de la bonne école et de l'ancienne marque. Dernier héritier des belles traditions de l'éloquence chrétienne, le noble fils de la fidèle Ecosse avait mis au service de l'Eglise la langue de Massillon, comme ses ancêtres avaient mis au service de Louis XIV leur épée devenue inutile à la cause de Jacques II. Il partageait avec les Boulogne et les Frayssinous l'attention de la France, et la chaire chrétienne, à peine rétablie, lui devait un nouvel éclat. Le grand orateur était alors à l'apogée de sa gloire; mais la gloire n'avait fait que le rendre plus sensible aux intérêts de l'Eglise. Il voyait croître et grandir, non loin du brillant hôtel qu'il habitait à Toulouse, le fils du capitaine que la Restauration venait de licencier. Il aimait sa piété, son goût naissant pour les belles lettres et son assiduité au pied de la chaire. Sans s'arrêter à l'âge ni à la naissance, il fit de Louis Dubreil son petit ami, devina sa vocation, l'encouragea par ses conseils, et le prenant un jour par la main, il le présenta au petit séminaire de Toulouse. Pouvait-on se présenter sous de meilleurs auspices? L'abbé de Mac-Carthy venait de refuser l'évêché de Montauban, et il s'apprêtait à finir sa carrière dans la Compagnie de Jésus. Il ouvrait ainsi à un enfant les rangs de l'épiscopat en déclinant lui-même l'honneur d'y entrer. Sa mère l'en avait détourné. Une autre mère, une fille du peuple, leur humble voisine devait jouir de cette gloire cinquante ans après pour son fils et pour elle. Ainsi les Mac-Carthy ont préparé à d'autres la couronne qu'ils refusaient pour eux-mêmes, et leur nom, qui n'a pas besoin de louanges, se rehausse de tout le mérite d'une rare modestie et d'un sage discernement. L'Eglise de Toulouse n'aura pas un nom de moins dans la liste glorieuse des Evêques auxquels elle doit donner le jour.

Le petit séminaire où l'on venait de recevoir votre futur pontife, comptait parmi les plus célèbres de l'Eglise de France. Cinq cents élèves en peuplaient les classes brillantes, et l'élite de chaque classe offrait des noms promis à la renommée. Pourquoi ne vous dirais-je pas que Louis Dubreil y tint le premier rang, mais que ce rang lui fut toujours disputé. Le Père Corail lui disputait la palme de l'éloquence, Latour St-Ibars celle de la poésie; chaque concours ajoutait à sa réputation, et tous les regards de la cité commençaient à se fixer sur lui. Le monde cependant ne l'envia point à l'Eglise, tant il semblait fait pour elle, tant il y avait de simplicité dans son âme et de piété dans toute sa conduite. Le jeune rhétoricien ne songea pas même à quitter l'arche sainte, et quand il fallut s'enfermer dans le sanctuaire, à peine eut-il, pour ceux qui ne le suivaient pas, les adieux du poète que toute la France d'alors savait par cœur :

Le cygne qui s'envole aux voûtes éternelles,
Amis, s'informe-t-il si l'ombre de ses ailes
Flotte encor sur un vil gazon !

Interrogez les souvenirs qu'il a laissés au grand séminaire. En avançant dans la carrière sa vocation ne fait que s'affermir. Il était à cette école de travail, d'obéissance et de modestie qui a immortalisé dans l'univers entier le nom de Saint-Sulpice. Ni le temps, ni les révolutions n'ont altéré l'esprit de cette compagnie; telle M. Olier l'avait faite, telle M. Emery l'avait restaurée, et les évêques français du XIXe siècle la saluent encore avec les paroles de Fénelon qui fut son premier élève: « Je ne connais rien de plus vénérable que Saint-Sulpice. » L'abbé Dubreil y reçut la tonsure en cette année mémorable de 1828 où de fatales ordonnances annoncèrent à l'Eglise de France que les jours de persécution n'étaient pas pour elle passés sans retour. Il la reçut des mains du doyen de l'Episcopat, ce fier cardinal de

Clermont-Tonnerre qui en 1828 comme en 1790, avait répondu aux persécuteurs en leur montrant sa devise : *Etiamsi omnes, ego non.* Un autre prince de l'Eglise, un autre héros, le cardinal d'Astros monta après lui sur le siége de Toulouse, au milieu des orages révolutionnaires de 1830. Sa vie tout entière se passa sous les armes. Son caractère avait quelque chose de la grandeur antique, son austérité rappelait le désert, sa franchise était celle de la primitive Eglise ; il résista à tous les Césars parce que tous les Césars de son siècle, peuple, rois, empereurs, méconnurent, une fois ou une autre, les droits de Dieu, et quand la pourpre romaine lui fut apportée, ne daignant pas même y jeter un regard, il la laissa, sans l'essayer, pour lui servir de linceul : *Hoc ad sepeliendum me fecit.* »

Mais ce prélat, d'une si ferme contenance et d'un si religieux dédain, avait pour son peuple et pour son clergé un cœur tendre comme le cœur d'une mère. Il discerna l'abbé Dubreil parmi les clercs les plus édifiants de son séminaire et lui donna les saints ordres en reposant sur lui des regards affectueux. Il avait grâce pour le connaître, le comprendre et l'aimer. On le nommait lui-même le Pontife immaculé et durant près de quatre-vingts ans ses intimes ont déclaré ne lui avoir rien vu faire qui eut l'apparence du péché (1). Avec

(1) *Vie du cardinal d'Astros* par le P. Caussette.

ce bon sens parfait qui fut presque du génie, il vit tout ce qu'on pouvait attendre de l'intelligence et de la vertu de l'abbé Dubreil et le mit de suite à sa place. Sa place est parmi la jeunesse et, quoiqu'il entre à peine dans sa vingt-deuxième année, une chaire de rhétorique est déjà la seule qui convienne à son mérite.

Ce fut le séminaire de Polignan qui eut les prémices de sa vive et brillante parole. Noble asile que Marie protége de toute antiquité, dans une plaine que Lamartine appelait la plus jolie du monde, à l'ouverture de quatre vallées, avec la Garonne qui en nourrit la verdure, et les Pyrénées qui en couronnent le paysage. Le cardinal de Clermont-Tonnerre avait fondé dans ces lieux pittoresques une maison d'éducation pour le recrutement du sacerdoce, se flattant qu'au fond de ces vallées chrétiennes, il se trouverait quelque trésor caché, quelque vase d'élection, d'honneur et de sainteté qui deviendrait la gloire de la religion et l'admiration de son siècle. Les mœurs des écoliers étaient simples et pures, et les parents donnaient volontiers leurs fils à l'autel. Un prêtre éminent qui occupe encore aujourd'hui le siége de Pamiers avait déjà fait par la distinction et la pureté de son langage la réputation de la classe de rhétorique (1). L'abbé Dubreil agrandit le cercle des études,

(1) Mgr Belaval.

et donnant aux meilleurs d'entre les modernes une place à côté des anciens, il passionna ses élèves pour le culte des belles lettres. Noble passion, signe éclatant auquel se révèlent les fortes études, qu'êtes-vous devenue ! Et quand en descendant la pente de ce siècle nous nous retournons, pour nous consoler un peu par le souvenir du passé, vers nos vieux colléges, nos chères lectures, nos grandes journées, quand nous nous rappelons ce qui éveillait notre curiosité d'écolier, nous rougissons de honte pour les mœurs nouvelles et nous tremblons pour l'avenir. Ce n'était ni le journal impie, ni le roman honteux qu'on eut trouvé dans nos mains. Ce qu'on lisait alors en secret c'était les derniers beaux vers des maîtres nouveaux de la lyre française, c'était les premières pages de Lacordaire, c'était le plaidoyer de Montalembert pour l'école libre ; et nos maîtres les plus aimés qui surprenaient ces livres dans nos mains, justifiaient notre témérité, en interrompant, comme l'abbé Dubreil, l'explication d'Homère ou de Racine pour nous faire goûter les nobles accents d'un siècle qui promettait alors d'être si grand, parce qu'il se piquait d'être revenu au christianisme.

Polignan avait ses fêtes, et l'abbé Dubreil en était le chantre sous le nom de ses élèves. On y complimentait l'Archevêque avec un goût parfait, aux applaudissements de tout l'auditoire, mais dans la voix du rhétoricien le prélat avait deviné l'accent du maître et il pressa le maître d'entrer en lice avec les poètes qui venaient de tous les points de la France, disputer à Toulouse les fleurs du gai savoir. Le prêtre se fit un honneur d'obéir. Il accorda deux fois sa lyre dans le même printemps. D'abord au ton élevé du poème pour célébrer, dans *le jugement d'Isaure*, les jeux de la Grèce transportés sous le ciel du Midi ; puis d'un ton plus simple et doux faisant revivre, dans *David et l'Ange*, l'églogue antique avec toutes ses grâces, il disait, par la voix d'un messager céleste, au berger de Bethléem.

Va, mon fils, que rien ne t'arrête,
Va terrasser le Philistin ;
Prends une fronde et ta houlette,
C'est moi qui guiderai ta main.

Le chantre de David fut deux fois vainqueur dans le même concours. A l'appel de M. l'abbé Dubreil, ce fut Mgr d'Astros qui se leva du milieu des Mainteneurs pour recevoir les couronnes. Le prêtre était absent, car sa modestie aurait eu trop à souffrir des éloges donnés au poète, mais le suffrage public de son évêque le comblait d'une gloire inattendue. Je ne citerai ni d'autres pièces, ni d'autres triomphes. L'heureux vainqueur chanta d'un ton plus haut toutes les grandes choses de l'Eglise et de la France, *le ravissement de S. Paul, Malte, Napoléon à Fontainebleau, Homère, la Bible, l'Evangile.*

Il cueillit à Toulouse le souci, le lys, la violette, à Béziers, le rameau d'argent, et pour couronner sa carrière, reçut ses lettres de Maître ès jeux floraux avec la charge de prononcer l'éloge de Clémence Isaure. Que de beaux vers à recueillir ! Mais je ne sais si, dans tout l'éclat de sa gloire poétique, un éloge le flatta plus que ne l'avait fait la démarche du cardinal d'Astros, lorsque son nom fût mis pour la première fois à l'ordre du jour. Tant il avait eu pour lui de noble condescendance et de paternelle affection ! Tant ce prince de l'Eglise, à la parole sévère, au caractère ferme, à la grande âme, avait déridé avec grâce l'austérité de son front pour lui dire ce qu'Athanase aurait pu dire à Grégoire de Nazianze : « Chantez, mon fils, soyez la gloire de l'Eglise de Toulouse, chantez, et faites voir que la religion et les belles lettres ont renoué leur antique alliance : chantez pour le Christ et pour la patrie. »

Le Séminaire de l'Esquille ne tarda pas à réclamer ses droits sur le lauréat des jeux floraux. M. l'abbé Dubreil ne changea pas de chaire en changeant de collége, et sa réputation grandit encore. Il vivait près de sa mère, sous la protection d'un prélat qui l'aimait, au milieu même du jardin d'Isaure dont il cueillait chaque printemps les plus belles fleurs. Il allait chaque matin, au sortir de l'autel, se prosterner dans la crypte de St-Sernin, retrempant ainsi son âme dans la prière et dans la méditation jusqu'à l'heure où le devoir l'appelait en classe. Là, ses lèvres s'ouvraient à peine que son jeune auditoire s'y suspendait comme les abeilles à peine écloses qui, pour essayer leur premier vol, se forment en grappes autour de leur reine. La réputation des élèves est encore aujourd'hui la gloire du maître (1). Il leur enseignait à penser, à parler, à écrire, corrigeant sans livre la mémoire infidèle, faisant lui-même le devoir du jour, joignant l'exemple au conseil, tour à tour poète, critique, orateur, mais toujours prêtre, mais toujours attentif à donner à ces jeunes âmes le coup d'aile qui les élève, sans effort, de l'étude en apparence la plus profane à la source divine du vrai, du bien et du beau.

Il fallut quitter un jour cette classe bien aimée pour affronter un autre auditoire non moins jeune, plus séduisant peut-être, mais vraiment terrible pour le prêtre ! La Religion tenait de reconquérir la fameuse école de Sorèze sur les disciples de Rousseau. Pourquoi ne pas vous dire que nous avons entendu une des plus brillantes victimes de cette éducation sans Dieu, maudire Jean Jacques, Sorèze, et les théories du dernier siècle. « On m'a élevé sans religion, disait-il, sous prétexte qu'à vingt ans j'aurais assez de raison pour en choisir une et assez de lumière pour choisir la bonne. Les vingt ans sont venus, et je me suis aperçu qu'on ne m'avait donné ni raison, ni lumière, ni religion. Il était trop tard ! »

Quelle tâche que celle de faire rentrer la

(1) Le P. Caussette fut un des élèves de Mgr Dubreil.

foi dans une école d'où elle était exilée depuis soixante ans ! On chercha avec inquiétude dans tout le Midi l'homme capable d'accréditer à Sorèze une rhétorique chrétienne. Le cardinal d'Astros indiqua l'abbé Dubreil, et le prêtre courbant la tête sous l'ordre et la bénédiction de son évêque, alla à Sorèze, comme autrefois St Paul à Athènes, prêcher devant un aéropage mille fois plus prévenu et plus intraitable que celui de la Grèce. Comme St Paul il citait Euripide à ces jeunes athéniens ; et il finit par leur faire écouter l'Evangile. Que quelques-uns aient éclaté de rire devant ce prêtre dont le visage pudique trahissait le trouble au moindre mot qui pouvait blesser sa pureté sacerdotale, n'importe, le respect succédera bientôt à la raillerie, la cause de la Religion sera bientôt gagnée, à force de talent, de patience, de vertu et de dévouement. Les élèves de l'abbé Dubreil félicités publiquement dans leurs examens universitaires apprirent par leurs propres succès qu'un prêtre éloquent et vertueux est le plus digne interprète que l'antiquité païenne puisse avoir dans l'éducation moderne.

Trois ans d'un succès si inattendu allaient lui faire donner le gouvernement de l'école, mais Dieu le voulait à la tête d'une autre maison, Dieu réservait Sorèze à une autre gloire ; c'était assez pour l'abbé Dubreil d'avoir été le précurseur du P. Lacordaire. Le moine allait venir après le prêtre pour achever et consolider à Sorèze la restauration des vrais principes et de la solide éducation chrétienne. Paix à votre œuvre commune! Paix à vos cendres! ô nobles instituteurs de la jeunesse. Mais de ces cendres éloquentes, l'une qui se refroidit à peine palpite encore à ces grands souvenirs; l'autre, après vingt ans se ranime dans les caveaux de Sorèze aux accents émus qui l'évoquent dans les luttes de la tribune, et le maître d'école qui plaida, après Montalembert, devant la chambre des pairs, la cause de la jeunesse, de la religion et de la liberté, semble dire à ce siècle qui veut reculer de trente ans en arrière: La cause est gagnée! La liberté est reconquise! Ne touchez ni aux moines, ni à la jeunesse! La jeunesse est avec nous, les moines comme les chênes sont immortels!

Mais j'oublie que l'abbé Dubreil quitta Sorèze pour aller gouverner St-Pons. Il changeait pour la seconde fois de diocèse, il allait pour la seconde fois planter sa tente dans une terre étrangère, pour obéir à son archevêque. C'était encore le cardinal d'Astros qui l'avait signalé comme le plus capable de remplir ce nouveau ministère. M. l'abbé Martin d'Agde venait de sortir de St-Pons en emportant le cœur de la belle et florissante jeunesse qui peuplait cette maison ecclésiastique. Aimable autant que spirituel, éloquent autant que généreux, il laissait autant d'amis qu'il avait eu d'élèves, et l'opinion publique cherchait avec inquiétude à quelles mains l'évêque de Montpellier confierait le soin de continuer son ouvrage. Personne n'ignorait combien l'abbé

Dubreil était habile à enseigner, mais rien encore n'avait révélé en lui les qualités de l'administrateur. Il sacrifia le brillant au solide, le présent à l'avenir, et la clientèle du siècle à celle de l'Eglise. On lui demandait une gestion pleine d'économie, il remplit et au delà toutes les espérances. On lui demandait des prêtres, il en forma par centaines. Ses collaborateurs se firent ses disciples, et toute la maison marcha à sa parole. Ni les honneurs du canonicat, ni le titre et les fonctions de vicaire-général ne l'arrachèrent au gouvernement de sa maison. Mais qu'une paroisse voisine souhaite son secours, il se prodigue avec une merveilleuse complaisance, agréable aux grands, secourable aux petits, accessible à tous. Que la peste vienne à fondre sur la contrée, il consacre ses vacances à la combattre, précédant le médecin au chevet du malade, distribuant de sa main les remèdes de la science et l'or de la charité, collant son oreille aux lèvres mourantes pour recueillir leurs derniers aveux, ensevelissant de ses mains ces corps frappés et noircis par la foudre, recueillant partout, avec l'admiration du peuple, les sympathiques témoignages de l'autorité ecclésiastique et civile. Chacun attendait pour lui une grande récompense.

Seize ans de cette intelligente et paternelle administration signalaient assez le supérieur de St-Pons à l'attention des pouvoirs publics. L'Église et l'État jugèrent qu'après avoir élevé les hommes, on a grâce pour les gouverner et que l'abbé Dubreil avait fait ses preuves pour l'épiscopat. Quel autre apprentissage pouvait donner de meilleures garanties! Si l'enseignement du premier âge n'exige guère qu'une patience inaltérable et dévouée, si l'enseignement supérieur demande plus de science, il faut dans l'éducation moyenne qui commence à dix ans et qui finit à dix huit, un tel mélange de sévérité et de douceur, de hardiesse et de tact, de franchise et de réserve, de raison pratique et de haute spéculation, qu'on ne saurait y vieillir sans avoir acquis une connaissance profonde des hommes et des affaires. Qu'était-ce que Bossuet, qu'était-ce que Fénelon avant d'être des évèques si éminents, sinon des maîtres consommés dans l'éducation de la jeunesse, et si, après l'évêque de Meaux et l'archevêque de Cambrai, il convient de nommer dans notre siècle un modèle, vous nommez tous l'évêque d'Orléans. Comme l'évêque d'Orléans, l'Archevêque d'Avignon passa d'une chaire d'éloquence à une chaire épiscopale, et du gouvernement d'un petit séminaire au gouvernement d'une grande Église. Ce passage n'eut rien de brusque ni d'inattendu, l'État le proposa, l'Église l'agréa, et l'État, d'accord encore une fois avec l'Église, appella le nouveau Pontife au conseil supérieur de l'instruction publique. Personne alors ne mettait en doute une compétence acquise par trente années d'enseignement. Je tremble en voyant qu'on la discute aujourd'hui. Je tremble, car l'Église est une mère et c'est une mère qu'on éloigne des conseils de la nation. Mais ma parole n'aura ni critique, ni amertume. La mère qu'on éloigne ne laisse pas de veiller sur ses chers enfants, elle regarde, elle écoute, elle prie, elle attend avec confiance que l'orage soit passé, elle reviendra au premier signal : Et vous, jeunes gens qui lui êtes si chers, vous demeurerez, quoiqu'il arrive, le principal objet de ses pensées, de ses discours et de son espérance. Que ma droite se sèche et que ma langue s'attache à mon palais, si je cesse un instant de vous bénir bien fort, et de vous le dire bien haut. Souvenez-vous que personne n'a autant que l'Eglise le devoir de vous connaître, de vous instruire, de vous défendre ; personne n'a grâce comme elle pour faire de vous les meilleurs des hommes et les plus dévoués des Français.

II

Votre Archevêque avait pris pour armes, le jour de sa consécration, une branche d'olivier, symbole de conciliation et de paix, et une croix, symbole de foi et de piété. Il expliqua ce double symbole en choisissant pour devise ces deux mots de l'Ecriture : *Pax in virtute*. Sa force sera celle que la croix nous donne, sa paix celle que la charité assure au monde. Ecoutez donc comment ce pacifique et religieux Pontife a justifié ses armes et sa devise, en s'appliquant à répandre avec toute l'abondance de son cœur, les bienfaits de la charité, et à glorifier par toute la force de son esprit la vertu de la croix.

Ce fut d'abord dans l'église de Vannes qu'il exerça son apostolat. Il succédait à un évêque accablé par l'âge, mais dont cette illustre église n'a pas cessé de bénir la mémoire. Mgr de la Motte de Broons et de Vauvert avait signalé sa longue carrière par une noblesse de cœur, supérieure encore à celle de son nom, un vif attachement au St-Siége, une tendre compassion pour les malheureux, et une affection profonde pour tous ses prêtres qu'il appelait ses enfants. Mgr Dubreil, avec son esprit d'organisation et de gouvernement, n'eut pas de peine à achever, par de sages ordonnances, le rétablissement canonique de l'église de Vannes, en marquant les degrés de la hiérarchie dans le clergé du second ordre, et en employant les yeux, les pieds, et les mains de ses prêtres pour voir, agir et marcher en son nom, sur tous les points à la fois de son vaste diocèse. Cher à son Chapitre comme à tout le clergé, il en gagna le cœur par ses exemples aussi bien que par ses prévenances ; l'habit canonial fut heureusement modifié, et le devoir de la prière publique, qui se remplira désormais tous les jours, attire dans la Cathédrale un peuple édifié par les vertus du Prélat.

Vannes a eu les prémices de son éloquence et de sa piété épiscopale. Il a fait les souhaits de la religion et de la charité aux premières voies ferrées qui ont traversé la Bretagne, et les chars de feu ont obéi à sa voix en commençant leur rapide carrière. Parmi les sanctuaires où se plaisait sa dévotion, Sainte-Anne d'Auray attira particulièrement ses regards. Il avait reçu au baptême le nom d'Anne avec le nom de Louis, et ce nom le prédestinait, ce semble, à prêcher, à prier, à bâtir dans ces lieux qui se disputent l'honneur de posséder les reliques de l'aïeule du Christ. Ces reliques avaient été apportées dans les Gaules, dès le premier siècle, par cette barque sans voiles et sans gouvernail qui déposa, sur les côtes de la Provence, Maximin, Lazare et les trois Marie. Dieu fit deux parts dans ce précieux dépôt, donnant l'une à l'Eglise d'Apt, l'autre à l'église de Vannes, et réservant à Mgr Dubreuil l'insigne honneur de les garder, de les vénérer, de les enrichir toutes les deux dans le cours de sa vie épiscopale. Ce fut un de ses plus beaux titres de gloire d'avoir conçu la pensée de restaurer Sainte-Anne d'Auray. Mais à peine avait-il signé l'ordonnance qui décrétait la reconstruction du Temple, que le Saint-Siége l'appelait auprès de Sainte-Anne d'Apt pour y continuer son pèlerinage et ses dévotions. Il se félicita plus que personne de voir un Évêque breton (1), poursuivre et achever cette œuvre patriotique, l'ayant sacré de ses mains comme

(1) Monseigneur Bécel.

pour lui communiquer ses desseins, avec le souffle de l'esprit de Dieu. Dix ans plus tard il revint bénir la nouvelle église et en chanter la gloire, déclarant qu'elle était belle parce que les arts lui prodiguaient leurs merveilles, belle parce qu'elle rappelait par son granit les fermes croyances de la Bretagne, belle parce qu'elle était faite avec l'amour et les sacrifices du pays, et que le plus pauvre parmi les bretons, s'était trouvé assez riche pour jeter son denier dans les millions qu'elle a coûtés.

Adieu, mes chers bretons, disait-il en sortant de la terre des Clisson et des Duguesclin. Il les appelait ses chers bretons quoiqu'il n'eût pas été deux ans leur évêque, mais ne suffit-il pas de les avoir connus un seul jour pour ne jamais cesser de les aimer et de les bénir? Il leur faisait ses adieux le cœur ému, les larmes dans les yeux et dans la voix, osant à peine se retourner pour les saluer encore, car c'était une terre de consolation, de paix, de piété et de foi qu'il allait quitter. Pierre l'ordonnait, il fallait planter ses armes dans la cité d'Avignon et y faire fleurir l'olivier de la paix sous la bannière de la croix.

Quelle ville propice à ses vœux de pasteur et de père! Enfant du Midi, il retrouvait le soleil et les fleurs chers à sa jeunesse; étudiant de Toulouse, les vieux Raymonds et les souvenirs des Croisades; poëte, la langue de Pétrarque; évêque, le palais et le tombeau des

Papes avec soixante-dix années d'un règne où ces Papes exilés mais toujours suzerains, donnaient encore des couronnes à des rois qui les recevaient à genoux. Les Papes gouvernaient ici sans armes, sans soldats, sans ombrage, dans une cour fréquentée par les saints, les peintres et les poètes, un peuple qui leur avait fait un trône avec la foi, la reconnaissance et l'amour.

C'est ici que la cloche attendrie sonna l'*Angelus* pour la première fois; ici que l'Homme-Dieu présent sous un pain qui n'est plus, fut pour la première fois porté en triomphe au milieu d'un peuple ivre de bonheur; ici que le chantre du Saint Sacrement, l'ange de l'Ecole, St Thomas reçut des mains du Pape Jean XXII, l'auréole des saints, quand ce Pape déclara que la Somme était le miracle de la science et que St Thomas avait fait autant de miracles qu'il avait écrit de pages.

Ah! comme de tels souvenirs émeuvent et font palpiter le cœur de l'Archevêque d'Avignon! Il vous disait, agitant dans ses mains la branche d'olivier: « Mon entrée est pacifique, je viens à l'exemple de mon Maître, ouvrir l'œil de l'aveugle, redresser le pied des boiteux, montrer le ciel à ceux qui s'égarent, la croix à ceux qui souffrent. Je viens non pas pour allumer le flambeau des haines mais pour l'éteindre, non pour mettre Dieu dans la balance des partis, mais pour le mettre dans le cœur de tous les hommes, afin que réunis par le bien, ils s'aiment tous comme les enfants d'un même père. » (1)

Il a été fidèle à ce programme évangélique. Il n'y eût pour lui, pendant seize ans de gouvernement épiscopal, ni grec, ni barbare, ni juif, ni gentil, ni considération humaine, ni opinion politique capable de le rendre, n'importe envers qui, moins pasteur et moins père. Un jour ce cœur aimant saigna d'une grande douleur. Il vit les princes de la terre qui l'avaient élevé prendre le chemin de l'exil, et peut-être sut-il mieux que personne combien les yeux d'une princesse et d'une mère peuvent contenir de larmes. Mais s'il ne se montra jamais ingrat, il se montra encore moins injuste ou prévenu. Tous les dépositaires de l'autorité reçurent sous les régimes les plus différents, pour ne pas dire les plus contraires, les marques d'honneur et de respect que nous devons aux puissances du jour avec notre obéissance aux lois, heureux quand on les agrée, résignés quand on les méconnait, résolus à nous taire quand l'heure de se taire est arrivée, mais incapables d'interrompre un seul jour les vœux, les efforts, les entreprises que nous faisons pour assurer la paix du monde.

Cette paix, votre Archevêque l'a donnée, par une sage administration et par de généreux sacrifices aux établissements diocésains du Petit Séminaire et de la

(1). Mandement de prise de possession.

maison de Sainte-Garde. Il les avait trouvés aux mains d'un clergé exemplaire et savant, mais avec le souci que laissent des dettes et des charges inséparables des grandes fondations. Rien ne lui coûtera pour les affranchir. Il sait ce que pèse au cœur du maître la pensée d'avoir une maison captive encore de quelque hypothèque, et quel besoin on a d'un esprit libre et d'une main ferme pour tenir les rênes de ces petits états. Vos séminaires n'oublieront jamais combien l'expérience du Supérieur de St-Pons a contribué à leur assurer la prospérité et la paix.

Cette paix, il l'assure aux vétérans du sanctuaire en consolidant l'œuvre si fraternelle de la caisse diocésaine. Dans la liste des noms qui l'ont enrichie, son nom sera toujours le premier, car il est père, il est mère ; à la pensée qu'un de ses prêtres peut manquer de pain dans sa vieillesse, ses entrailles s'émeuvent, il ne cessera de demander aux autres et de se dépouiller lui-même jusqu'à ce qu'il puisse se dire : mes prêtres n'auront rien à redouter ni des infirmités ni de la vieillesse, qu'ils poursuivent en paix leur laborieuse carrière, cette carrière s'achèvera avec honneur.

Heureux les prêtres, heureux les fidèles qui se sont reposés sur ce cœur de mère ! ils en connurent la bienveillance inaltérable, l'exquise délicatesse, le doux et agréable commerce. Faut-il donner, il donnera encore, il donnera toujours. Faut-il pardonner, il pardonnera jusqu'à sept fois, il pardonnerait jusqu'à septante fois sept fois, et au besoin il dépasserait encore le nombre marqué par l'Écriture. Mais si un trait de vivacité lui échappe, il en demande humblement pardon. Ne dites pas que ce sont là des traits de faiblesse, et qu'il fut clément jusqu'à s'en repentir. Dites-le des rois et de ceux qui portent le glaive de la justice, mais de l'évêque, jamais. L'évêque ne porte que l'olivier de la paix, et les fruits qu'on y recueille ne sont que des fruits de douceur et de charité.

Que manquait-il à ce beau diocèse d'Avignon pour qu'il n'y restât pas une seule misère sans abri et une seule douleur sans consolation? Mgr Dubreil y trouva cet accord du peuple et du clergé, des prêtres et de l'évêque, célébré par les Pères chez les premiers chrétiens, qui fait de l'Eglise comme une lyre, dont toutes les cordes, harmonieusement unies, vibrent dans un mode divin sous le souffle de l'esprit de Dieu et chantent au Christ un hymne perpétuel (1). Il vit les fils de St Ignace partager avec ceux du vénérable Olier la confiance de l'évêque et le soin de former des générations nouvelles. Le Prélat n'eut qu'à les regarder faire, tant ils étaient accoutumés à faire le bien! Il vit la Compagnie de Jésus ouvrir à côté de son collége une école apostolique. Que de joies ne lui ont pas données ces florissantes institutions!.. Je m'arrête... Quoi! c'est après trente et un an de succès, que le collége de St Joseph est réduit à trembler pour son avenir. C'est

(1) S. Ign. Epist. ad Ephes.

le premier né de nos colléges, c'est le premier fruit de la liberté d'enseignement, et il pourrait périr aujourd'hui même ! Ah ! plaidons sa cause devant Dieu, si les hommes ne veulent plus nous entendre. O St Ignace, sauvez le collége de St Joseph ! O Xavier, sauvez l'école apostolique !

Les fils de St Dominique venaient comme ceux de St François demander à votre Archevêque ses encouragements et ses bénédictions. Ailleurs ce sont les missionnaires de Sainte-Garde et les oblats de Marie, il les éclaire et les dirige ; ailleurs ce sont les moines de Sénanque, il les assiste et les soutient dans leur solitude ; partout les frères des écoles chrétiennes, il les honore et les défend ; partout les vierges fiancées à Jésus-Christ, les unes qui instruisent le pauvre, les autres qui le retournent sur son lit de douleur, plusieurs qui s'enferment dans le secret du cloître pour le service de la prière ; il n'en est pas une qu'il n'ait bénite, écoutée, fortifiée, leur disant à toutes : aidez-moi de vos yeux à voir l'indigent, de vos mains à le secourir, demandez, pressez, faites-moi pauvre, nous serons toujours trop riches tant qu'il restera un malheureux à consoler. Tous ces monastères et toutes ces congrégations furent l'objet de sa tendresse. Il les visitait souvent, il y saluait l'image de ses illustres prédécesseurs, consultant comme de glorieux exemples, la sagesse des Debelay, le courage des Naudo, la générosité du Cardinal du Pont, et s'estimant heureux d'avoir recueilli de leurs vaillantes mains un héritage si bien cultivé. Que manque-t-il donc pour compléter leur ouvrage? Un orphelinat peut-être. Ce sera la gloire particulière de Mgr Dubreil. Il le bâtit comme un évêque, il le dote comme un prince, il l'aime comme un fondateur et comme un père, c'est le Benjamin de son épiscopat.

N'accusez point sa prédilection, car elle ne lui a pas fait oublier un seul jour, ni un seul besoin, ni une seule misère. Témoin cette pitié qui l'émeut chaque hiver pour les malheureux qui ont donné en gage les derniers restes de leur travail et de leurs économies. « Il faut les consoler », disait-il, et les pauvres de sa ville épiscopale allaient reprendre leurs meubles et leurs vêtements. Témoin ces lits fondés dans les hospices, ces cathédrales dotées par son testament, ces bureaux de bienfaisance qu'il a établis et qu'il ne cesse d'enrichir, ces séminaires où il veut payer à perpétuité la pension à un élève pauvre. Ce sont là des bienfaits publics. Mais qui dira l'abondance et la plénitude de ces dons qui n'ont eu que les anges pour témoins? Personne n'a rencontré plus souvent que lui de ces infortunes qu'on ne doit pas entreprendre de soulager, si on ne les soulage dans une mesure exceptionnelle et surtout avec des procédés qui permettent d'accepter l'aumône sans rougir. Il fut avec les pauvres qui n'ont pas la livrée de leur état, d'une douceur, d'une discrétion, d'une libéralité à toute épreuve. Quelque usage qu'on fasse de ces dons, la joie de faire quelque bien l'a payé d'avance. Ne lui dites point qu'on a trompé sa simplicité par le récit d'une infortune imaginaire. Il répondra qu'il aime mieux se tromper en faisant l'aumône qu'en la refusant. Ne venez point raconter l'ingratitude de ceux qu'il assiste, il répondra : « Eh bien ! c'est une misère de plus dont il faut les guérir. » Après seize ans passés dans ce ministère de paix, de civilisation et de charité, il n'a rien appris sinon à donner et à pardonner davantage encore. Les murmures ne l'ont point troublé. Les mécontents et les ingrats ne l'ont point découragé. Il attribue à la vanité humaine ce que d'autres appelleraient une méchanceté noire. Plus on abuse de sa bonté, plus il s'obstine à demeurer bon. Il s'obstine, parce qu'il est simple et droit, à juger les hommes avec cette simplicité qui semble la vertu d'un autre siècle. Mais non : la simplicité évangélique est de tous les siècles. C'est dans tous les siècles, c'est à tous les hommes que nous devons dire après le divin Maître : Que la paix soit avec vous : *Pax vobis !*

D'où vient, je vous le demande, la pieuse indulgence de ses jugements ? Quel est le secret de la paix qu'il vous a donnée et de la charité qu'il a répandue sur vous ! Le laurier pour fleurir a besoin d'avoir la tête au soleil et les pieds près des grands fleuves. C'est à la croix qu'il faut l'appuyer pour qu'il lève la tête vers la lumière et que le sang de l'Homme-Dieu en nourrisse les racines.

Votre archevêque avait mis dans ses armes une croix à côté d'un laurier. C'est par la foi et la piété qu'il soutint cet esprit de bienveillance et de dévouement. Voilà pourquoi je l'ai appelé un pacifique et religieux pontife. La seconde qualification expliquera la première.

L'éducation qu'il avait reçue l'avait accoutumé à voir Dieu en toute chose et à tout faire en sa sainte présence. Il garda pendant toute sa vie cette régularité sainte dont il avait pris l'habitude. Méditant chaque matin, récitant son chapelet chaque soir, heureux d'ôter chaque jour aux affaires une demi-heure pour adorer le St-Sacrement, estimant qu'une lecture édifiante est plus nécessaire encore à l'évêque qu'au simple prêtre afin de l'éclairer, de le soutenir et de le consoler davantage. C'est ainsi qu'il porta sa croix.

On disait, il y a bientôt un siècle, des évêques français : « Vous leur ôterez leur croix d'or, ils prendront la croix de bois, et c'est la croix de bois qui a sauvé le monde. » Ah! nous n'avons pas besoin qu'une révolution nouvelle rende à cette éloquente parole un nouvel éclat. La croix d'or qu'on nous laisse sur la poitrine, n'empêche pas la croix de bois de peser sur nos épaules, de courber notre front et d'imprimer sur notre chair les stigmates de la mortification. Votre Archevêque n'avait guère d'un palais que la vue et de la grandeur des papes que le souvenir. Sous ces lambris qui rappellent tant de gloire, vous ne trouverez ni le luxe, ni ce qu'on est convenu d'appeler le confortable de la vie. Le Prélat s'est tout refusé jusqu'au noble plaisir d'avoir un ami à sa table et de se récréer par la conversation. Sa sobriété est celle du cloître, ou plutôt on dirait encore le supérieur de St-Pons calculant la recette et la dépense avec une sévère économie pour faire honneur à ses affaires. Ses revenus sont le patrimoine du pauvre. C'est sous le regard de la croix qu'il les reçoit et qu'il les distribue et jamais le superflu ne tiendra pas la place du nécessaire.

Voilà l'évêque du dedans, pieux, sobre, pénitent, mortifié, tel qu'il faut l'être en regardant sa croix, pour porter, sans en être accablé, et ses propres péchés et les péchés du peuple. Mais quand il faudra vaquer aux affaires, vers qui se tournera l'évêque du dehors? Encore vers la croix. Timide et irrésolu par caractère, comment deviendra-t-il courageux et hardi? Par la vertu de la croix. L'appui, la protection, la lumière, où les trouvera-il sans être déçu? Dans la croix, toujours dans la croix. Ah! si nous avons pu nous confier à des bras de chair et attendre des princes de ce monde quelque soutien dans nos entreprises, jamais siècle a-t-il donné à notre naïve confiance de plus grandes et de plus terribles leçons? Tout a passé excepté l'Eglise; tout change, d'heure en heure, à notre horizon, excepté la foudre; tout croule et se précipite avec un fracas effroyable; parmi tant de puissances qui tremblent devant l'opinion ou devant l'émeute ou devant l'assassinat, seul l'empire des âmes compte encore des sujets dociles, et le seul souverain qui parle avec autorité, le seul qu'on écoute avec respect, le seul qui demeure immobile au milieu de tant de ruines pendantes, c'est le Pape, parce que le Pape n'a qu'une politique et un drapeau, la politique de Jésus-Christ et le drapeau de la croix.

Voilà où votre Archevêque, désabusé des choses du temps, ira porter vos regards et jeter l'ancre de ses espérances. Le dernier Concile OEcuménique l'avait vu hésiter d'abord, non pas sur la croyance à l'infaillibilité du Pape, laquelle est aussi ancienne que le Pape et aussi nécessaire que raisonnable, mais sur l'opportunité d'une définition que redoutait la sagesse humaine, toujours courte par quelque endroit. Ne craignez rien pour la conclusion du débat qui s'élève dans son âme. Il n'attendra pas que l'Eglise lui inspire le dogme pour l'acclamer. Son amour devance son obéissance. L'Archevêque d'Avignon n'a pas besoin que le Pape commande. Il s'incline devant un simple désir, et le *placet* tombé de sa bouche le fait compter parmi les Pères du Concile qui ont jeté les premiers cris de leur foi à tout l'univers : *Credo !*

Il est un autre cri, un cri non pas de foi, mais de sagesse et d'expérience, qu'il avait poussé vingt ans auparavant avec tout l'enthousiasme de la poésie : Rome est à Dieu ! Il revendiquait ainsi pour le Pape cette motte de terre, d'où Constantin s'était exilé avec respect, où Charlemagne s'était mis à genoux, et que Napoléon avait épargnée le front tout rayonnant des palmes d'Arcole. Ce jour-là le jeune vainqueur d'Italie avait entendu la grande voix de la bonne politique. Il avait tremblé d'entrer dans Rome. Il avait dit : Rome est à Dieu !

Rome est à Dieu ! ce cri de sa jeunesse et de sa conscience, notre Archevêque l'a répété en prose et en vers, avec tous les mouvements de l'éloquence et toutes les hardiesses de la poésie. Il l'a dit avant et après Mentana, aux obsèques des zouaves et dans la chapelle qui garde les cendres de Maurice de Giry, dans les mandements qui datent du second Empire et dans ceux qu'il écrit sous la troisième République, aux pieds de Pie IX qui va se coucher dans la gloire et aux pieds de Léon XIII qui vient de se lever comme le lion de la tribu de Juda.

Rome est à Dieu ! n'est-ce pas à l'Archevêque d'Avignon qu'il sied surtout de le répéter. N'est-ce pas à vous qu'il sied surtout de l'entendre ? Les soixante-dix ans que les Papes ont passés dans votre cité n'étaient qu'un brillant exil et ils ont quitté ces murs pour aller reprendre le sceptre dans la Ville Eternelle. Ni la politique, ni les armes, ni la Révolution ne changeront leur fortune. Les Papes savent attendre, les Papes sont patients, parce que la Papauté ne doit jamais finir.

Rome est à Dieu ! Léon XIII a lu cette page consolante dans les œuvres de votre Pasteur, il l'a relue en sa présence, et il l'a félicité de l'avoir écrite. Puis il lui a rappelé qu'il avait reçu l'hospitalité à Avignon, que

Mgr Naudo l'y avait entouré des soins les plus tendres, et qu'il avait célébré la messe dans sa chapelle. Il y passait pour se rendre en Belgique en qualité de Nonce. C'était ses débuts au service de l'Eglise, et maintenant qu'il est devenu sur le trône de St Pierre le serviteur des serviteurs de Dieu, votre souvenir lui est cher, il en parle avec émotion, Mgr Dubreil le consacre dans son palais par une inscription commémorative, je la signale du haut de cette chaire ; rien n'y manque excepté la main qui l'a écrite et qui devait la sceller. Nous la regarderons avec émotion et nous retournant vers Rome nous dirons encore : Rome est à Dieu !

Que Rome ait eu pour l'Archevêque d'Avignon des attentions marquées, je ne m'en étonne pas. Qu'il demande pour ses chers collaborateurs les honneurs de la prélature, que le Pape les accorde avec empressement, enfin que ces vénérables prêtres s'abstiennent par modestie d'en porter les marques, rien ne m'étonne, et je me garde d'insister, leur haute piété répugnerait à entendre le moindre éloge, mais elle ne s'offensera point de m'entendre célébrer leur attachement à leur Archevêque et leur fidélité à le servir. Ils l'ont aidé à porter la croix du commandement, et ils n'ont point fléchi sous ce poids. Non, malgré toute leur modestie, je ne puis m'empêcher de leur décerner cette louange, au nom de l'Eglise et de la province d'Avignon.

Ce n'est pas seulement aux pieds du Pape que votre

Archevêque a jeté l'ancre de ses espérances. Il est monté plus haut, la croix sur l'épaule, et il a appelé constamment à son aide les saints et les saintes qui vous protégent, Marie leur reine et votre mère, Jésus leur roi, notre Maître et notre Sauveur qui en donnant aux Pontifes sa croix à porter, mesure toujours le vent à la toison de la brebis.

Avec quelle piété et quelle confiance ne vous prêcha-t-il pas l'intercession et les mérites des amis de Dieu, invoquant tour-à-tour St François de Sales qui a fondé les Visitandines d'Avignon, Ste Germaine Cousin, la douce bergère de Pibrac sortie, comme lui, de l'église de Toulouse, St Gens, le jeune ermite de vos montagnes dont il restaure la chapelle, le bienheureux Pierre de Luxembourg qui a embaumé la cour des Papes par le parfum de ses vertus, Ste Marthe qui fut le premier apôtre de vos contrées, Ste Madeleine qu'il alla implorer jusqu'à Vézelay, et, après comme avant tous les autres, St Michel dont les Prémontrés ont remis le culte en honneur aux portes d'Avignon, Ste Anne que je ne saurais trop rappeler dans ce discours parce qu'il en avait toujours la gloire à la bouche, le nom sous la plume et la dévotion au fond de son cœur. Que n'a-t-il pas fait pour relever et embellir le sanctuaire de Ste Anne ? Il fait tailler sa statue dans le marbre de Carrare, il obtient pour elle une couronne de Pie IX, il invite sept Évêques à la porter avec lui dans une fête qui réunit vingt mille pèlerins, et la fête s'achève par des concours de poésie où les Félibres disputent avec votre Archevêque d'enthousiasme et de piété en célébrant la mère de Marie.

Mais où sent-on mieux la vertu de la Croix qu'en prêchant Marie elle-même, cette femme bénie entre toutes les femmes qui s'est tenue debout aux pieds de l'arbre sacré de la Rédemption et qui a offert, avec Jésus, le sacrifice du Calvaire? Mgr Dubreil fut dans notre siècle un des évêques les plus dévoués à la Mère de Dieu. Vous l'avez vu prêcher, prier, bénir, déposer sa houlette dans tous les sanctuaires où Marie a signalé son pouvoir au monde par des miracles. Notre-Dame de Santé l'attire à Carpentras; et la seconde ville de son diocèse n'en est que plus chère à son cœur. C'est là qu'il célèbre les fêtes de l'agriculture, c'est là qu'il invite deux provinces à se réjouir avec lui dans le sacre du curé de St-Siffrein, son bien-aimé fils, dont il a voulu faire son égal en demandant pour lui le siége de Fréjus. Il va chercher à Notre-Dame du Groseau le souvenir du pape Clément VI qui aimait à se délasser dans cette solitude du gouvernement de l'Eglise universelle. Notre-Dame de l'Osier l'amène dans le Dauphiné et il lui met la couronne en tête, aidé de l'évêque de Grenoble autrefois son collaborateur de St-Pons, aujourd'hui son émule d'éloquence et de gloire sur le siége de Besançon, partout son ami. Notre-Dame de grâce est, à Rochefort, couronnée par ses mains et célébrée par ses discours. Notre-Dame des Doms pouvait-elle être oubliée dans cette distribution de sceptres et de diadèmes? Triomphez, ô Marie, triomphez à jamais dans cette bonne ville d'Avignon, et que vos tours aperçues de si loin sur les deux rives du Rhône soient comme un souvenir vivant du passage des Papes et de votre règne perpétuel sur toute la contrée. Mais la patronne bien-aimée du Comtat et de toute la Provence porte aussi le nom de *Notre-Dame des Lumières*. La montagne où elle règne voit s'assembler quarante mille pèlerins, députés de toutes les cités que votre grand fleuve enrichit dans son cours. Mgr Dubreil y apportait la couronne que Mgr Debelay avait obtenue pour ce miraculeux sanctuaire. Il y revint deux fois avec la même pompe et le même cortége, il en parla cent fois avec la même confiance et le même amour. Cependant Marie dans sa miséricorde avait daigné apparaître aux roches de Massabielle et dire à une humble bergère : « Je suis l'Immaculée Conception ! » Encore un pèlerinage à faire ! Encore un lieu propice à déposer la houlette pastorale et à reprendre, avec une nouvelle ardeur, la croix de l'épiscopat. Mgr Dubreil mène trois fois son peuple jusque dans ces lointaines Pyrénées, il le harangue au départ, il le soutient dans le voyage, il le félicite au retour, il n'est rien qu'il ne demande, rien qu'il n'obtienne par l'intercession de Notre-Dame de Lourdes.

Ainsi priait, prêchait, écrivait votre Archevêque pour la gloire de Marie et pour la consolation de son ministère. Il prêcha aussi ce que les impies appellent le scandale et la folie du Sacré-Cœur, comme du temps de St Paul ils l'appelaient le scandale et la folie de la Croix. Mais ce qui paraît un scandale à la science et une folie à l'impertinence de l'homme, nous l'appelons avec Saint Paul la folie et la vertu de Dieu même. Nous adorons, nous étudions, nous aimons ce cœur qui a tant aimé les hommes et nous y trouvons une source intarissable de grâce pour prêcher notre siècle malgré son dédain, pour bénir notre siècle malgré ses insultes, pour aimer notre siècle malgré ses ingratitudes. Mgr Dubreil s'est consacré au Sacré-Cœur avec tout son diocèse dans l'année même où la fortune de la France, trahie sur les champs de bataille, semblait la plus abattue et la plus désespérée. Mais son âme était trop française pour désespérer jamais de la patrie. Il voyait dans nos malheurs plus qu'une école féconde où l'âme grandit et se fortifie, il y voyait un glorieux témoignage de la confiance que Dieu mettait dans notre nation. Il démontrait que les grands désastres ne sont pas toujours une punition des grands crimes ; il invitait les anges de la colère à visiter nos familles, disant qu'ils pourront s'assurer qu'il y a plus de dix justes encore dignes d'obtenir la grâce de la France, ou bien, par une autre figure non moins hardie, il ajoutait que si Dieu envoyait du Ciel une colombe elle trouverait, avant d'y remonter, plus d'une maison sainte où elle ne dédaignerait pas de poser son pied. Il prédisait le triomphe, il ajoutait :

« Déjà avancé en âge, nous ne le verrons pas peut-être au milieu de vous, mais de là-haut, nous applaudirons à vos chants de victoire et nos os tressailleront d'allégresse dans la tombe. » Dieu vous entende ! ô pontife dont le cœur est resté si français ! Dieu vous exauce dans toute l'étendue de vos vœux, car vous avez prédit que ceux qui poussent le navire au milieu des écueils, iront eux-mêmes réveiller le maître et lui diront : *Sauvez-nous, Seigneur ! nous périssons !* que ceux qui l'auraient repoussé et banni le rappelleraient eux-mêmes, et que la France serait rachetée par les larmes, comme l'âme d'Augustin le fut autrefois par Sainte Monique. Dieu vous entende, ô Ambroise, Dieu vous exauce !

Quand ses forces commencèrent à décliner, il en prodigua les restes dans ses derniers pèlerinage à Rome, à Apt, à Lourdes. Il alla bénir à Lérins le nouvel abbé de Sénanque, autre prélat sorti de son diocèse, pour qui son cœur se répandit encore une fois en douces et éloquentes paroles. Il voulut voir dans le Languedoc ses meilleurs amis, les embrassant, disait-il, peut-être pour la dernière fois, cherchant à Polignan les souvenirs de sa jeunesse et appelant ses chers enfants les vieillards qu'il avait instruits. N'obéissait-il pas à ce pressentiment quand nous reçûmes la nouvelle de sa dernière visite ? Il vous en souvient, Monseigneur, car vous avez bien voulu partager avec moi la joie de cette journée. On eut dit qu'il craignait de ne pas commencer au milieu de nous une année nouvelle, ou qu'il essayait d'en conjurer peut-être la rigueur en se rattachant à nous par un lien plus tendre et plus sacré. Il devance nos vœux, nous apporte les siens, il nous offre, avec les cadeaux de son amitié, le titre précieux par lequel il donnait à ses deux suffragants de Nîmes et de Montpellier, une place d'honneur dans le chœur de cette Métropole. O mort, éloigne-toi et laisse-nous le temps de le saluer encore au milieu de son Vénérable Chapitre. Mais la mort précipite ses coups au lieu de les retenir. En quatre jours la France apprend que votre Archevêque est frappé, que son état est sans espoir, qu'il expire, qu'il a passé comme du matin au soir.

C'est l'esprit qui se trouble d'abord, et en deux ou trois heures, de cet esprit si vif, si pénétrant, si cultivé que reste-t-il ? Des pensées qui se heurtent et des mots presque inarticulés qui viennent échouer sur ses lèvres, autrefois si éloquentes. O mort, je t'en conjure au nom de ce peuple en larmes, rends-nous cette âme qui s'en va et qui, toute résignée qu'elle est, semble appeler par ses cris les dernières prières et les dernières onctions de l'église. La mort s'arrête, et le bon pasteur a recouvré la plénitude de ses belles facultés. On l'avertit du danger et il renouvelle aussitôt l'aveu de ses fautes. On lui parle de son Chapitre, de son clergé et de son peuple, et il veut qu'on lui déclare qu'il les aime, qu'il les bénit et que leur souvenir est gravé au fond de son cœur. Si on lui suggère les pensées de la foi, il répond avec les paroles du prince des apôtres : *Soyez fermes dans vos croyances*, avec St Paul : *Détachons-nous des choses qui passent pour n'aspirer qu'aux biens solides*, avec St Jean le bien aimé disciple : *Aimez-vous les uns les autres.* Et pour tout résumer aimez-vous dans le cœur de Jésus.

Il disait ainsi, jetant à son départ le cri par lequel il avait signalé son entrée : *Pax in virtute* ! La paix, mais la paix dans la piété et dans la foi. Il disait couché sur la croix de son blason, et montrant par un dernier geste la branche d'olivier qu'il n'avait cessé de montrer à son peuple : Adieu ! Soyez en paix. Mais pour avoir la paix, ayez le courage du devoir : *Pax in virtute.* A peine les saintes onctions eurent-elles cessé de tomber sur ses membres, que la mort, attentive, ce semble, à ce moment solennel, fait sentir ses dernières approches. En vain son peuple et son clergé gémissaient dans les temples, en vain ses suffragants avertis du danger suprême offraient le Saint Sacrifice, la mort achève son ouvrage, et l'église d'Avignon est devenue veuve du pacifique et religieux Pontife qui lui prêchait depuis seize ans, avec tant d'intelligence et de cœur, la paix et la charité dans la vertu de la croix : *Pax in virtute.*

Je ne descendrai pas de cette chaire sans vous avoir rappelé que la dernière pensée de votre archevêque avait été de bénir solennellement, pour l'honneur de l'histoire et de la religion, la chapelle de St Bénézet, restaurée par ses soins, auprès de ce monument fameux qui a immortalisé dans le monde entier la hardiesse, le courage et la charité des frères pontifes. Il vous aurait dit dans son poétique langage : Regardez, à côté du pont que l'art moderne vous a fait, celui que vos ancêtres ont fréquenté pendant tant de siècles. En jouissant de votre civilisation, souvenez-vous que l'Eglise en est la mère, remerciez-la d'avoir embelli vos villes, inspiré vos peintres et vos poètes et jeté avec tant de hardiesse des arches sur les abîmes et des dômes vers les cieux. Passez, mais ne soyez point ingrats pour elle. Vous avez perfectionné vos machines, vous nouez des cables qui se balancent dans les airs, et la vapeur qui vous emporte court plus vite encore que les flots du Rhône. Mais tout l'orgueil de vos inventions ne vous dispense ni de la foi, ni des mœurs, ni de la vertu. Ce pont n'est qu'une image de la religion qui est descendue du ciel, pour nous aider à franchir, d'un bout de la vie à l'autre, le torrent des erreurs qui entraînent et des passions qui débordent. Laissez la religion vous tendre une main secourable. Elle vous aidera à passer d'un rivage à l'autre. Elle vous défendra, elle vous consolera, elle vous sauvera quand la science et la politique ne pourront plus rien pour vous. Du baptême à la tombe, vous avez besoin d'elle, c'est pourquoi vos évêques marchent devant vous, élevant encore d'une main l'olivier de la paix, de l'autre la bannière de la croix, et au dernier jour du monde, sur les ruines pendantes de ces arches écroulées, quand les derniers pèlerins du temps achèveront leur carrière, dans ces lieux où fut Avignon, il y aura encore un évêque pour leur dire : Prenez cette croix, attachez-vous à elle, et, malgré le trouble des cieux et le tumulte des flots, vous passerez sans crainte du rivage du temps au rivage de l'éternité : *Pax in virtute !*

Ainsi soit-il !

Avignon. — AUBANEL Frères Imp. de N. S. P. le Pape et de l'Archevêché.

www.ingramcontent.com/pod-product-compliance
Ingram Content Group UK Ltd.
Pitfield, Milton Keynes, MK11 3LW, UK
UKHW020446180726
13839UKWH00004B/1658